Incas

Los indígenas
de Sudamérica I

Incas
Los indígenas de Sudamérica I

Primera edición, 2014

Coedición: Producciones Sin Sentido Común/
Consejo Nacional para la Cultura y las Artes-
Dirección General de Publicaciones

D.R. © Mariana Riva Palacio Q.
D.R. © Diego Francisco Sánchez

D.R. © 2014, Producciones Sin Sentido Común, S. A. de C. V.
Avenida Revolución 1181, piso 7
Col. Merced Gómez
C.P. 03930, México, D.F.
www.nostraediciones.com

D.R. © 2014, Consejo Nacional para la Cultura y las Artes
Dirección General de Publicaciones
Avenida Paseo de la Reforma 175, Col. Cuauhtémoc
C.P. 06500, México, D.F.
www.conaculta.gob.mx

ISBN: 978-607-8237-47-0, Producciones Sin Sentido Común
ISBN: 978-607-516-812-8, CONACULTA

Impreso en México / *Printed in Mexico*

Incas

Los indígenas
de Sudamérica I

Mariana Riva Palacio Q.

Ilustraciones de Diego Francisco Sánchez

CONACULTA

Dirección General
De Publicaciones

NOS
TRA
EDICIONES

Cordillera de la

Océano Pacífico

Océano Atlántico

Cordillera de los Andes

América del Sur

Océano Pacífico

■ Imperio Inca

ÍNDICE

Introducción   10

14   El mundo antes de los incas

Los linajes incas   20

30   La sociedad

La vida cotidiana   34

44   La clase gobernante

Guerras y ciudades: el imperio inca   54

64   La llegada de los conquistadores

Cronología   74

78   Bibliografía

Introducción

LA HISTORIA DE LA CULTURA INCA ES UNA DE LAS MÁS NOTABLES DE AMÉRICA PORQUE FUE UN GRUPO INDÍGENA QUE ALCANZÓ UN DESARROLLO EXTRAORDINARIO COMO CIVILIZACIÓN EN UN BREVE PERIODO DE TIEMPO.

La palabra *inca* se refiere, más que a un grupo en particular, a una monarquía. La traducción correcta de *inca* es "jefe". Este título lo tenía el emperador y también podían adoptarlo algunos miembros de su familia cercana. Algunas veces se llamaba inca a los aliados y amigos del emperador, por lo que la palabra también podía entenderse como "nobleza" o como "título" de alguien que perteneciera al grupo del poder.

Los reyes incas dirigieron a varios grupos indígenas. Su reino se extendió por los territorios que hoy pertenecen a los países de Colombia, Ecuador, Bolivia y Chile, pero sobre todo de Perú, y tuvieron bajo su mandato a diferentes civilizaciones que, conquistadas, se sumaban a su enorme imperio.

Los incas crearon una civilización que se desarrolló en poco tiempo, gracias, entre otras cosas, a las herencias culturales que los pueblos de la región habían recibido desde hacía tiempo de sus abuelos indígenas. Aunque no se conocen muchos detalles sobre estos antecesores de los incas, sí es evidente su importancia como pioneros de todo un imperio en esa zona.

Así como el desarrollo
del imperio inca fue acelerado,
también lo fue su caída.
Su esplendor partió de aquellas
sociedades primitivas y se vio
comprometido con la llegada
de los españoles. Cuando
conquistaron a los incas, varias
noticias de esta nueva tierra
llegaron hasta oídos de muchos
escritores y pensadores
europeos, quienes quedaron
sorprendidos de su organización
social, que intentaba ser lo más
igualitaria y benévola posible; su
arquitectura, que era muy
avanzada; su manera de ver la
vida, justa con la gran mayoría;
y el consumo de un nuevo alimento
que nadie conocía hasta entonces
y que rápidamente estuvo
presente en las cocinas de casi
todo el mundo: la papa.

Al parecer, en un principio la papa era tan pequeña como una nuez y se daba de manera silvestre. Los incas experimentaron para aumentar el tamaño de este tubérculo y hacerlo más nutritivo. También lograron domesticar a dos animales muy importantes en su desarrollo comunitario: la llama y la alpaca.

La sorpresa y admiración que los europeos sintieron se debe a la importancia que el descubrimiento del reino inca tuvo por su tremendo esplendor. Incluso hasta el día de hoy los especialistas siguen discutiendo sobre algunos aspectos políticos y sociales de este complejo grupo. Se cree que las sociedades incas eran tan justas que se acercaban a la democracia, sistema político en el que el pueblo toma las decisiones. Otros están convencidos de que más bien se trataba de una monarquía bien organizada en cuanto a su poder militar y a su diplomacia.

El mundo antes de los incas

Hace cerca de nueve mil años se establecieron las primeras sociedades en lo que después sería el territorio inca, en el valle del Cuzco. A estas sociedades se les conoce con el nombre de *andinas* porque vivían en la cordillera de los Andes o muy cerca de ella. No se trataba de ciudades bien establecidas, sino de grupos de cazadores y recolectores.

Después de algún tiempo de vivir como nómadas, yendo de un lugar a otro en busca de comida, las sociedades andinas se hicieron cada vez más complejas. Sus descubrimientos fueron diversos: dominaron la técnica de los telares y produjeron ropas para vestir, dejaron prueba de su existencia a través de los trabajos de cerámica que sobrevivieron hasta el día de hoy y practicaron la agricultura cuando se establecieron como pueblo sedentario.

Sin embargo, la innovación más importante para la evolución de estas sociedades andinas fue el descubrimiento del maíz. Todavía hoy resulta muy difícil definir cuál fue el sitio exacto en el que el maíz fue descubierto y qué cultura indígena del continente americano lo cosechó por primera vez.

Este alimento modificó para bien a buena parte de los pueblos prehispánicos. Y en el caso de los antecesores de los incas no fue diferente. El cultivo del maíz permitió un gran avance a las sociedades andinas, porque se aseguraban el alimento y podían dedicarse a otras actividades más complejas. Una de esas sociedades se estableció en un sitio llamado Chavín. Éste fue el espacio de la primera gran civilización de Perú.

En Chavín existen construcciones que conforman un centro religioso. Es probable que no fuera una ciudad habitada por una sociedad indígena en específico, sino un sitio de veneración y ceremonias religiosas al que iban los habitantes de las diferentes comunidades cercanas.

Este tipo de ciudades sagradas fue común durante los siglos de esplendor de las culturas andinas e incas. Otros centros ceremoniales importantes de la zona fueron el templo de Pachacámac y el santuario Copacabana, que se encuentra en la ribera del lago Titicaca, en Bolivia, y que hasta el día de hoy son visitados por miles de indígenas de la zona.

Algunos especialistas llamaron *experimentadores* a las primeras y primitivas sociedades andinas como los mochicas, pero conforme se desarrollaron recibieron el nombre de *expansionistas*, es decir, que aquellas sociedades iniciales ya estaban tan bien organizadas que podían incluso comenzar a expandirse hacia otras zonas. De esta época es, por ejemplo, la impresionante ciudad de Tiahuanaco, construida en las montañas que se encuentran a mil metros de altitud sobre el nivel del mar.

Hasta el día de hoy poco se sabe de esta ciudad, pero de cualquier manera resulta impresionante ver los restos de aquellas construcciones, templos y puertas hechas de enormes bloques de piedra bellamente tallados y con esculturas monumentales, que adornaban construcciones planeadas según la posición de algunos planetas y estrellas.

Aquellos templos demuestran que eran una civilización tan desarrollada que sabían medir el paso de los días e incluso agruparlos en años. Todo esto a partir de un juego de luz y sombras creado por monolitos y por ventanas colocadas en sitios estratégicos, como si fueran enormes relojes de sol. Tiahuanaco tiene también los restos de una pirámide, llamada Akapana, que mide ochocientos metros de perímetro.

Pero la civilización que creó esta maravillosa ciudad se perdió. Las culturas incas, que se desarrollaron mucho tiempo después, se toparon con esta ciudad abandonada hacia el siglo XV, y muy poco supieron de ella. Era un encuentro muy parecido al que tuvieron los mexicas en el actual país de México cuando se toparon con la ciudad abandonada de Teotihuacan.

Varias de las culturas indígenas de América vivieron durante mucho tiempo y mientras unas desaparecían, otras iniciaban su vida. Así como para nosotros los mexicas o los incas suponen el pasado remoto, para los mexicas y los incas lo eran las ciudades de Teotihuacan y Tiahuanaco.

Estas sociedades anteriores a los incas todavía se desarrollaron un poco más. Los sacerdotes dirigían a los pueblos, pero más tarde lo hicieron los militares. Por las ruinas encontradas de estas ciudades se puede suponer que estaban organizadas por linajes, es decir, cada zona de la ciudad era habitada por una familia extensa.

De la misma manera, se tiene noticia de que estas sociedades ya comenzaban a tener guerras entre ellas, sobre todo con el propósito de extender su territorio a través de las conquistas. Y fue cuando estas civilizaciones originales se desarrollaron hasta ese punto, que la cultura propiamente inca comenzó a existir.

LOS INCAS COMO CIVILIZADORES

Antes de que se estableciera el imperio inca existían varios pueblos que vivían en unas fortalezas llamadas *pucaraes*. Estos pueblos se hacían la guerra los unos a los otros, lo que les causaba mucho conflicto y por lo que siempre estaban a la defensiva. Cuando los incas consolidaron su poder sobre ellos, dándoles halagos a algunos y amenazas a otros, lograron que el modo de vida inca fuese el que ellos llevaran. Para evitar los conflictos entre ellos, los incas les repartieron tierras y organizaron sus ciudades en barrios.

Los linajes incas

EL REINADO DE LOS INCAS SE MANTUVO DURANTE EL IMPERIO DE TRECE EMPERADORES. SIN EMBARGO, SUS LEYENDAS HABLAN DE OTROS REYES MÁS ANTIGUOS QUE ERAN DIOSES, EN PARTE HUMANOS. SEGÚN LA MITOLOGÍA INCA, ESTOS REYES LEGENDARIOS DIERON VIDA A LOS EMPERADORES QUE SE CONSIDERAN COMO LOS INCAS ORIGINALES.

Los incas tenían una versión del origen de sus reyes. Era una combinación de historia y leyendas que proporciona información sobre la filosofía inca y algunas de las ideas que tenían del cosmos. Los primeros reyes incas eran míticos y su reinado duraba mil años. Al final de cada dinastía, siempre sucedía una catástrofe. Grandes fuegos que consumían todo, temporadas en las que el Sol se ocultaba durante periodos prolongados o incluso catástrofes en las que todos los objetos de la Tierra se rebelaban contra sus dueños.

Según las creencias incas, cada nuevo reinado los hombres se volvían más terrenales, era como si, conforme el tiempo pasaba, el mundo dejara de pertenecer menos a los dioses para convertirse en algo más de los hombres. Así, el primer reinado mítico estuvo poblado por los *Wari-Viracocha-runa*, "los hombres del dios Viracocha", el dios de las varas, que siempre fue el ser supremo más importante para la cultura inca. Este dios era nómada, iba de un lado a otro y no se detenía a vivir en ningún sitio específico. Viracocha tenía como compañero a *Inti*, un pájaro parecido a un colibrí con alas de oro que podía predecir el futuro.

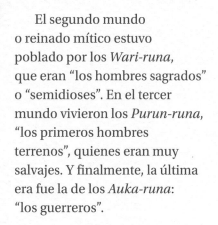

El segundo mundo o reinado mítico estuvo poblado por los *Wari-runa*, que eran "los hombres sagrados" o "semidioses". En el tercer mundo vivieron los *Purun-runa*, "los primeros hombres terrenos", quienes eran muy salvajes. Y finalmente, la última era fue la de los *Auka-runa*: "los guerreros".

De acuerdo con la mitología inca, fue en esta última era cuando los incas comenzaron a gobernar la Tierra, y para explicarlo las dinastías incas tenían una serie de relatos sobre su propio origen que nos permiten comprender parte de su visión filosófica y religiosa.

Los incas ubicaban su lugar de origen en *Paccari-tambo*, que se encuentra al sur de Cuzco. De tres grandes ventanas, que bien podrían ser cuevas, salió un grupo de hermanos y comenzaron su viaje. Durante su peregrinaje, en cada lugar en el que se detenían a descansar fundaban un pueblo. Con ello, decía la leyenda inca, se aseguraban de que su sangre se fuera esparciendo por el mundo. Algunos de los hermanos que viajaban sufrieron percances. Uno fue transformado en piedra y se convirtió en el ídolo Huanacauri. Desde aquel momento, frente a este ídolo de piedra los jóvenes incas elegidos realizaban su rito de iniciación en la nobleza.

Otro de los hermanos, de nombre Manco Cápac, quedó al frente de la larga expedición. Al llegar al valle del Cuzco, enterró una vara de oro que siempre llevaba consigo y con la que podía medir qué tan buena era la tierra del lugar. En aquel sitio era estupenda. Entonces decidió terminar su viaje justo ahí.

A varios de los vecinos cercanos del valle no les gustó la idea de tener que compartir su territorio y realizaron diferentes ataques. Sin embargo, Manco Cápac y su gente resistieron una y otra vez. Finalmente los vecinos del valle del Cuzco permitieron que los recién llegados se quedaran.

El personaje de Manco Cápac resulta muy importante para entender la historia de los reyes incas porque sirve de puente entre la historia mítica y la historia registrada por los investigadores. Jamás se sabrá si es verdad que Cápac salió de aquellas cuevas, pero sí es seguro que se trata del primer dirigente inca en el valle del Cuzco. Esto sucedió en el siglo XIII de nuestra era.

El primer sucesor de Manco Cápac se llamó Sinchi-Rocca. La palabra *sinchi* significa "jefe guerrero"; los primeros seis líderes incas fueron guerreros. Eran jefes que se dedicaban sobre todo a atacar y defenderse de sus vecinos cercanos, pues el robo era una práctica común para todos ellos.

Esta vida llena de pequeñas guerras –que no llevaban a ningún lado– terminó con Yahuar Huácac, casi cien años después de Manco Cápac. Utilizando inteligentes estrategias, dos generales de este emperador lograron finalmente someter a los pueblos del valle del Cuzco, dándole la supremacía de la región al reinado inca.

Con el paso del tiempo, los incas continuaron luchando con pueblos cercanos, pero también hicieron alianzas. Al norte, por ejemplo, estaban los quechuas, grupo indígena con quienes compartían muchos rasgos culturales, empezando por el idioma. Pero hacia el sur estaban las tribus chancas, que eran grupos guerreros que también buscaban la conquista de otros pueblos. El temor que los incas sentían por los chancas se hizo más grande cuando éstos vencieron a sus aliados, los quechuas.

Sin embargo, el valor de Yupanqui, segundo hijo del rey inca Viracocha, logró una gran victoria sobre sus enemigos. Con los aliados vencidos, el apoyo militar que Yupanqui tenía era muy poco. A pesar de esto, se atrevió a atacar a los chancas. Se dice que los dioses lo favorecieron, creando un enorme ejército de soldados con las piedras que había en el campo de batalla. Con esta ayuda, Yupanqui pudo vencer, y esos guerreros venidos de la tierra serían siempre recordados por los incas como un grupo de dioses llamado *pururauka*.

No obstante la victoria, el rey Viracocha no quedó contento porque deseaba que fuera su otro hijo, Urco, quien gobernara después de él, y no Yupanqui. Sin embargo, a Urco le interesaba muy poco el poder. Entonces, Yupanqui hizo algo fuera de lo común: aunque su padre aún no había muerto, se autonombró jefe inca. Yupanqui cambió entonces su nombre por el de Pachacuti, y como rey recibió el sobrenombre de *El Gran Transformador*.

LA ANSIADA LLUVIA

"¡Hija bella! Tu pluvioso hermano rompe ahora tu pequeño cántaro; por esto truena y resplandece tu luz, y cae el rayo. Tú, hija real, nos darás con la lluvia tus bellas aguas, algunas veces harás caer también sobre nosotros el granizo y la nieve. Aquél, también, que ha hecho el mundo, el Dios que lo anima, el gran Viracocha, te ha dado el alma para desempeñar este cargo en el que te ha colocado."

Fragmento de un poema religioso dedicado a la lluvia, rescatado por Inca Garcilaso de la Vega

Los logros de Pachacuti fueron, sobre todo, grandes conquistas militares. Venció a diferentes pueblos, con lo que consiguió que la zona de poder inca creciera y que terminara la época de pillajes entre un pueblo y otro. También hizo varias reformas a las leyes y a la administración. En esta época la civilización inca experimentó un desarrollo tan grande que se construyeron muchos palacios.

Después de treinta años como rey, Pachacuti cedió el poder a su hijo Topa Inca Yupanqui. Bajo este nuevo reinado también se llevaron a cabo varias conquistas militares. La organización de los incas como gobierno ya había sido perfeccionada por Pachacuti, así que su hijo fue capaz incluso de extender el imperio hacia el norte y hacia la costa. Pero Topa Inca Yupanqui no se detuvo frente al mar: es posible que se atreviera a llegar a las islas Galápagos, a 972 kilómetros de la costa de Ecuador.

De la misma manera, se sabe que su ejército avanzó hacia el sur hasta lo que hoy es Chile. Esta expedición no fue sencilla, sobre todo porque los incas tuvieron que enfrentarse con los aguerridos indígenas araucanos que vivían en aquella zona. La organización militar de Yupanqui era tan precisa y efectiva que muchos historiadores, después de que sucediera la conquista española, los compararon con los ejércitos suizos.

El hijo de este valiente guerrero y temible conquistador fue el siguiente rey inca, Huayna Cápac. El reinado que heredó incluía las selvas de la Araucanía y la Amazonia, a miles de kilómetros de la cuna original de los incas, que era el valle del Cuzco. Huayna también conquistó algunos territorios, pero entonces el imperio inca difícilmente podía extenderse más.

Huayna Cápac murió alrededor del año 1527, cuando los españoles ya estaban presentes en otras partes de América. La elección del hijo que lo sustituiría en el poder fue complicada y violenta. Dos hijos se peleaban el mando: Atahualpa y Huáscar. Su enfrentamiento dejó mucha sangre y debilitó al imperio inca, pero quedaba claro que sin un rey que mandara por completo, sin competencia, toda aquella civilización se ponía en riesgo.

Para el momento en que los hermanos se enfrentaban, el reino era enorme, pues tenía más de seis mil kilómetros cuadrados, territorio conquistado en menos de cien años. Esta hazaña se había logrado en buena medida gracias a que los familiares del rey solían participar activamente en las conquistas del reino. Siempre había riquezas a cambio y más poder para estas familias emparentadas con el rey. Esto les permitía una organización guerrera muy eficaz y al mismo tiempo un control diplomático sobre las tierras conquistadas.

Los incas solían ser respetuosos y nobles con otras tribus, pero cuando era necesaria la guerra exhibían su poder con terribles demostraciones de la victoria. Cuando regresaban las tropas al valle del Cuzco, portaban en las puntas de sus lanzas las cabezas de los vencidos. A los enemigos que se habían atrevido a desafiar al rey los desollaban y con sus pieles hacían tambores. También les quitaban los dientes y con ellos se hacían largos collares. Finalmente, con los cráneos de los vencidos elaboraban copas y en ellas bebían *chicha*, un licor muy fuerte hecho a base de maíz.

La pelea entre aquellos dos hermanos, Atahualpa y Huáscar, con la misma saña y violencia que mostraban cuando luchaban contra un enemigo común, debilitó mucho al enorme imperio que se había construido.

RELIGIÓN DE LOS INCAS

Los incas adoraban al Sol, la Luna, los árboles, la Tierra, las piedras y el mar como deidades, y todo lo que fuese creado por los dioses. Los sacerdotes, llamados los señores de la Manta, tenían unas grandes y veneradas piedras hechas de esmeraldas que heredaban de sus antecesores, y que adoraban como si en ellas viviera una deidad. Algunos días ponían esta piedra en público para que el pueblo la adorase, y si algún inca se encontraba enfermo, después de hacer los sacrificios correspondientes, se hacía oración a la piedra para ayudarlo a curarse.

Pero el final de la civilización inca fue más veloz y terrible de lo que los propios incas imaginaron. En medio de la disputa para lograr la sucesión al trono, llegó la conquista española y al final no gobernó ninguno de los dos hermanos.

La sociedad

LOS HOMBRES LLAMADOS *HATUN-RUNA* ERAN LOS TRABAJADORES INCAS QUE NO PERTENECÍAN A LA CLASE GOBERNANTE. VESTÍAN UNA ESPECIE DE SARAPE LLAMADO *ONKA* Y UN GORRO QUE SE HACÍAN CON LA LANA QUE OBTENÍAN DE LA ALPACA. ESTOS HOMBRES SE ORGANIZABAN EN GRUPOS CON UNA MISMA ESPECIALIDAD DE TRABAJO. SE LES CONSIDERABA LA BASE DE LA SOCIEDAD Y SE LES RESPETABA POR LA IMPORTANCIA QUE ESTO TENÍA. AGRICULTORES Y GUERREROS POR IGUAL AYUDABAN A DESARROLLAR AQUELLA CIVILIZACIÓN.

El *ayllu* era la unidad básica de organización social. Cada ayllu estaba compuesto por familias que compartían la tierra y los animales. Ningún individuo poseía la tierra, esta pertenecía a la comunidad, el ayllu. Este ingenioso sistema de organización fue heredado de las culturas que habían existido antes que ellos, las sociedades andinas.

Cada ayllu tenía supervisores que controlaban el trabajo del grupo. Y estos supervisores tenían, a su vez, otros jefes. Se trataba de una jerarquía social muy clara que iba de abajo hacia arriba hasta llegar a la clase gobernante de los incas y al rey, que era la autoridad máxima. Esta estructura era muy efectiva y puede imaginarse como una gran pirámide en donde la base son los trabajadores y la cima es el rey.

Para lograr que esta pirámide funcionara bien, el matrimonio era un evento fundamental para que cada familia se dedicara al oficio que le correspondía según el linaje al que perteneciera. De esta forma se conservaba el equilibrio jerárquico y la óptima organización de la sociedad. Se esperaba que los trabajadores incas se casaran alrededor de los veinte años de edad. Si esto no sucedía, entonces la comunidad y los padres arreglaban un matrimonio.

MATRIMONIO INCA

Los hombres y las mujeres que estuvieran en edad de contraer matrimonio y no lo hubieran hecho ya se reunían en la plaza del pueblo, donde de un lado se formaban los hombres y del otro las mujeres. Así, los visitadores se encargaban de asignar las mujeres a los hombres, y los caciques tenían preferencia, ya que sólo ellos podían tener más de una esposa. Ellas tenían que quedarse con el hombre que les fue dado y nadie podía estar con alguien que no fuese su pareja sin arriesgarse a la pena de muerte.

Los niños solían ser duramente educados por sus padres, quienes eran los responsables de enseñar la rectitud que se necesitaba en esta cultura prehispánica. Los dos primeros años de su vida, el pequeño no recibía nombre, simplemente era llamado *wawa*, que quiere decir "bebé". Después se celebraba un rito en el que se le cortaba el pelo y recibía un nombre provisional que llevaría hasta la pubertad.

Las doce edades de los incas

Los incas se dividían en edades según los años que tuvieran, cada edad era de mayor jerarquía que la anterior y las funciones variaban con ellas. La primera edad, llamada *Puñucloco*, que quiere decir "no son sino para dormir", abarcaba a la gente mayor de sesenta años. De los cincuenta a los sesenta era la segunda edad y se le designaba *Chaupiloco*, en ésta las personas sólo se ocupaban de cuidar las plantas de coca, ají y otras legumbres. *Pouc*, la tercera edad, iba de los veinticinco a los cincuenta años; eran ellos quienes tributaban al Cuzco y quienes llevaban todo el trabajo. La cuarta edad estaba conformada por jóvenes de veinte a veinticinco años, los *Imanguayna*, quienes no hacían más que ayudar a sus parientes mayores a llevar las cargas. La quinta edad agrupaba jóvenes de dieciséis a veinte años, también llamados *Cocapalla*, quienes tenían la misma responsabilidad que los *Imanguayna*, pero menor categoría. La sexta edad, *Pucllagamara*, estaba conformada por niños de nueve a dieciséis años. La séptima, por niños un poco mayores a ocho años. La octava, *Machapori*, por menores de seis pero mayores de cuatro. La décima se conformaba por los menores de cuatro años pero mayores de dos. La onceava, *Sayoguamarac*, por menores de dos años; y la doceava se llamaba *Moxocapari*, que quería decir "recién nacido".

*La fuente utilizada (Fernando de Santillán, *Relación del origen, descendencia, política y gobierno de los incas*, 1572) no especifica una novena edad (N. del E.).

Hacia los catorce años se realizaba otro rito en el que vestían al joven varón de acuerdo a la profesión a la que se dedicaría, y a la mujer se le volvía a cortar el cabello. Tanto hombres como mujeres recibían su nombre definitivo en esa ceremonia.

LAS CASAS DE LOS INCAS

Las casas en las que el hombre común vivía eran diseñadas y construidas por arquitectos muy hábiles enviados por el gobierno, que se encargaban de la construcción de cada una de las viviendas de la ciudad para que el orden y concierto social no se perdiera. Las casas tenían un espacio común, llamado *cancha*, en donde convivían los miembros de un mismo ayllu. Estas construcciones permitían tener un control todavía mejor de la distribución de los grupos de trabajadores y de los espacios en los que habitaban.

Después de este rito, las mujeres tenían una ventaja sobre los hombres: cambiar de ayllu. Podían irse a un grupo familiar y laboral más rico, con mayor posición, por voluntad propia. Si resultaba que podían hacer mejor una tarea específica, si eran gráciles o especialmente bellas, iban al otro grupo en calidad de *ñusta*, que quiere decir "mujer elegida". Incluso había mujeres con cualidades muy sorprendentes que podían entrar a la nobleza o llegar a ser una de las esposas del rey.

La vida cotidiana

LOS INCAS PARTICIPABAN CADA DÍA EN ACTIVIDADES RELACIONADAS
CON LOS MERCADOS, LOS DÍAS DE FIESTA O LOS INSTRUMENTOS MUSICALES.
PERO DE LA MISMA MANERA HABÍA ACTOS QUE SE CONSIDERABAN
UN CRIMEN Y QUE ERAN DURAMENTE CASTIGADOS.

Los mercados incas tenían variadas funciones además del comercio de bienes. Había muchos y de distintos tamaños. Sin embargo, las transacciones comerciales que iban más allá de lo local estaban permitidas sólo para los agentes del gobierno. En un evento tan importante como el mercado, la compra y venta de objetos y bienes que venían de las lejanas tierras del imperio inca eran controladas por la élite gobernante.

El mercado era también el espacio para conversar. Había un mercado en particular, llamado *rimacpampa,* cuya especialidad era enterarse de las noticias que venían desde los lugares más lejanos del imperio inca. En ese mercado se instalaba una serie de personas que relataban en voz alta cada uno de los acontecimientos que consideraban de mayor importancia.

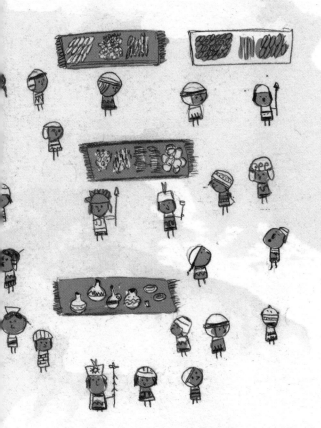

El mercado era el evento social más esperado, significaba diversión y compras en un mismo lugar. Varios productos de los diferentes rincones del imperio podían verse ahí como algo novedoso. La gente que vivía en las junglas más agrestes llevaba arreglos hechos de plumas preciosas de diversos colores y tamaños que eran colocadas para crear impresionantes creaciones.

Los que vivían en las montañas de los Andes llevaban papas y maíz, que eran alimentos muy apreciados. Otra actividad en la que los incas eran muy buenos era la manufactura de vasijas de barro: las ollas, vasos, botellas y recipientes estaban tan bien hechos que parecían de metal. De diferentes lugares llegaban personas a estos mercados en busca de comercio y entretenimiento. Los españoles se maravillaron ante estos magníficos mercados incas, en los que además podían comerciar con algo que les interesaba sobremanera: el oro.

Los mercados solían hacerse en los días festivos, y los incas tenían al menos tres días de fiesta cada mes. Esto es admirable para una sociedad prehispánica, y la razón tal vez se encuentre en que justo en esos días de fiesta y descanso era posible escapar de la opresión del severo y rígido sistema inca, que controlaba desde la casa en la que vivían hasta el oficio que debían realizar. Las fiestas podían durar un día o una semana completa, y además del mercado era posible ver bailes públicos y distintos tipos de juegos y deportes. Incluso se permitía el consumo de bebidas alcohólicas, como la *chicha*.

La música era otro elemento muy importante en los días de fiesta. Los incas eran buenos constructores de instrumentos musicales. La gran mayoría eran instrumentos de viento, como las flautas, o de percusión, como los tambores. Estos últimos se solían hacer de madera y de piel de llama o de tapir.

CALENDARIO INCA

El calendario inca constaba de un año de 360 días, dividido en doce meses o lunas, cada uno de treinta días, con tres semanas de diez días. Estaba basado en la observación del Sol y la Luna, y determinaba tanto la vida cotidiana como las festividades religiosas.

Los tambores eran habituales en varios de los ritos incas, podían ser pequeños para ser tocados por las mujeres en los bailes que hacían dentro de los mercados o grandes como los que tocaban los guerreros incas en plena batalla para animar a su gente. Además de los tambores, los incas prendían en sus ropajes de fiesta pequeñas campanitas de plata que se llamaban *chanrara* y que sonaban mientras la gente bailaba. Tenían también trompetas, llamadas *pototo*, hechas de una enorme concha por la que soplaban y salía un sonido grave y solemne.

Sin embargo, el instrumento musical más representativo de la cultura inca es la *quena*, un atado de diferentes carrizos con distintas alturas que con el aliento logra una gran amplitud tonal. Este instrumento ha sobrevivido hasta nuestros días y es tocado por grupos andinos de música folclórica. Otras flautas incas se hacían de cerámica o de huesos de animales como los jaguares, o incluso de huesos humanos.

La música estaba muy relacionada con la fiesta y con la religión, pero también con el baile. Uno de los bailes incas más importantes era el *way-yaya*, que estaba reservado para la clase gobernante y tenía un aire muy solemne y elegante con una coreografía establecida.

Aunque las fiestas, los mercados, el baile y la música fueran frecuentes, esto no significaba que los incas se permitieran hacer cualquier cosa. Los actos que se consideraban delitos eran muchos y se castigaban duramente. Por ejemplo, los robos eran juzgados no sólo como una desobediencia social, sino como un sacrilegio religioso.

CASTIGO A LOS JUGADORES ENTRE LOS INCAS

Los incas sólo podían jugar y tener momentos de descanso cuando eran días de festejo. En cualquier otra ocasión debían trabajar, y si se había acabado su trabajo del día, debían ocuparse en hacer sogas, lana, paja para su casa o tejer *cunpana*. El castigo por jugar en vez de trabajar era de cincuenta azotes en los brazos y manos con una soga o látigo.

Hay códices y pinturas que representan algunos de los castigos que se sufrían por cometer delitos. La poligamia –tener más de una esposa o esposo– entre la clase trabajadora era castigada con la lapidación. El hombre o la mujer que había cometido el delito era atado y obligado a hincarse mientras se le lanzaban piedras. Para los actos inmorales, al acusado se le desnudaba, se le colgaba del cabello y se le suspendía del borde de un precipicio hacia el vacío.

Los incas también castigaban el asesinato, los actos de violencia, la mentira y la pereza. Sin embargo, no todos los actos se castigaban con la misma dureza. Para juzgar un asesinato o un robo analizaban bien lo que había sucedido, y si el asesinato había sido cometido en defensa propia, el castigo era menos severo.

De la misma manera, el hecho de ser rico y poderoso no significaba que, como en muchas otras sociedades modernas, se pudiera escapar del castigo por los delitos cometidos. Todo lo contrario. Los incas creían que la gente que tenía poder debía tener también mucha más responsabilidad, por lo que si cometía un crimen o un delito solía ser castigada con mayor dureza que el resto de los pobladores.

De la misma manera que las bebidas alcohólicas e incluso las borracheras eran permitidas en medio de las fiestas, embriagarse en días de trabajo era un crimen. Esta posición frente al alcohol hace evidente una vez más el riguroso orden que las sociedades incas podían tener, en la que los tiempos para el trabajo, el mercado y la fiesta estaban muy bien definidos y, por otra parte, los castigos eran igual de rígidos y ejemplares que otros aspectos de la vida, como el matrimonio o el trabajo.

La jornada de trabajo
se iniciaba al amanecer.
Los trabajadores tomaban una
bebida un poco embriagante
que se conocía con el nombre
de *a'ka* que les aminoraba
el hambre. Su primer alimento
consistía en comerse las sobras
de la cena del día anterior.
Tenían dos comidas importantes:
la que se hacía al mediodía
y la cena. Ambas se realizaban
en familia.

Los platillos incas eran variados y algunos muy elaborados, hasta tal punto
que la comida inca impresionó no sólo a los conquistadores españoles sino
al mundo entero. Más de la mitad de la comida que se comía entonces, e incluso
en la actualidad, fue creada por los agricultores andinos: papas, maíz, diferentes
tipos de frijol, cacahuate, piña, aguacate, tomate y papaya, entre muchos otros
cultivos. Otro alimento muy apreciado que fue descubierto por este grupo
indígena son las palomitas de maíz. Otros granos también cultivados por los incas,
pero menos conocidos, eran el *tarwi* y la *kinuwa*, cereales que tienen un alto
contenido de proteína.

Los agricultores incas se daban a la tarea de mejorar cada uno de estos productos
y hacer con ellos platillos diversos y complejos, habían logrado perfeccionar
los sembradíos y las formas de regarlos. Muchos de los terrenos de los incas eran
montañas con pendientes muy pronunciadas. Los agricultores entonces inventaron
el cultivo por terrazas, que consiste en una especie de escaleras con amplios escalones
llenos de tierra donde sembrar. De la misma manera, tenían un complejo
y muy avanzado sistema de acueductos para almacenar y distribuir
el agua a esas grandes alturas.

LA IMPORTANCIA DE LOS ACUEDUCTOS

Los incas construyeron acueductos
con grandes piedras y la fuerza de
sus brazos. Durante el proceso,
atravesaron las más altas montañas,
remontaron río arriba para evitar
áreas profundas y removieron
rocas inmensas sin utilizar ningún
instrumento de hierro o de acero.

Pero no sólo de vegetales y verduras vivían los incas. También comían la carne
de la llama, con la que preparaban el *chuñu*, una sopa con papas deshidratadas.
La gran mayoría de los platillos eran hervidos porque los incas todavía no sabían freír,
pero tenían suficientes mañas culinarias como para aderezarlos de tal forma
que resultaran deliciosos.

En el mundo inca los animales eran propiedad de los gobernantes. Solamente los guardias reales podían cazarlos y criarlos. Las llamas o las alpacas eran muy apreciadas. Además de su carne, proveían de lana para tejer prendas de vestir. También eran utilizadas como medio de transporte, pues podían llevar pequeños bultos durante largas distancias.

ORIGEN MÍTICO DE LAS LLAMAS

Según los incas, la llama nació de la siguiente manera: uno de los hijos de Manco Cápac y Mama Ocllo, los padres fundadores del imperio inca, se enamoró de una de sus hermanas. Ante la prohibición de su amor, pues ella iba a ser una Virgen del Sol y no podía casarse, la pareja huyó al campo. Cuando fueron atrapados, su padre los condenó a muerte, pero su madre pidió clemencia al dios Viracocha, quien se apiadó de la pareja y, en lugar de matarlos, los convirtió en una pareja de llamas.

Ambos pertenecen a la familia de los camélidos sudamericanos, descendientes de los camellos que habitan en África y Asia, más grandes y con jorobas. La alpaca o vicuña domesticada se diferencia de la llama por ser más pequeña, aunque comparte con ella una vieja costumbre, también de los camellos: el hábito de escupir. Pueden ser de color marrón, negro, blanco o gris, y por su tipo de lana pueden ser de dos tipos: huacaya, con un pelaje suave y lustroso que cae en forma perpendicular al cuerpo del animal, y suri, cuya lana, sedosa y brillante, crece en forma de rulos independientes.

La comida de la gente común no era la misma que la que degustaban las clases gobernantes. Entre el rey, sus familiares y amigos podían, por ejemplo, comer pescado fresco. Esto era posible porque el rey había dispuesto a un grupo de excelentes corredores desde el mar hasta su palacio.

SERVICIO DE CORREO INCAICO

Las cartas eran recibidas por cuatro o seis jóvenes incas que permanecían alertas en dos chozas para recibir a los mensajeros, incluso antes de que llegaran a ellos, y así hacer más rápida la entrega. Las chozas se ubicaban en lo alto, eran visibles la una de la otra, cada una separada de la otra por kilómetro y medio aproximadamente, distancia que era consideraba adecuada para correr ágilmente y sin cansancio.

Esos corredores se lanzaban a toda carrera algunos kilómetros y, antes de que la fatiga los volviera más lentos, le pasaban el pescado fresco a otro corredor que los esperaba algunos kilómetros más cerca del palacio. Así, un relevo tras otro hasta que el manjar llegaba a manos de los cocineros del rey en excelente estado. Este sistema también era utilizado como correo. Las noticias de las provincias lejanas, como una guerra o un levantamiento, llegaban al valle de Cuzco por medio de los ágiles corredores.

La clase gobernante

La nobleza inca fue fundamental para el buen desarrollo del imperio. El rey de los incas era considerado hijo de los dioses, un representante divino en la tierra. Éste es el origen del respeto y veneración incondicionales que se tenían por el jefe máximo.

Para los incas, los dioses y todo lo que habían creado era sagrado. Muchos de los elementos de la vida, como la comida, la tierra y los animales, eran considerados obras divinas. El mejor ejemplo son los nombres que utilizaban para el oro y la plata: el oro era considerado el "sudor del Sol" y la plata las "lágrimas de la Luna".

Como la sociedad inca estaba basada en el respeto a sus dioses, el rey, considerado divino, tenía completo poder. No se cuestionaba lo que decía. Sin embargo, estos reyes tenían que saber administrar el reino, y así fue como consiguieron que la civilización inca pudiera desarrollarse de la impresionante manera en que lo hizo y en tan poco tiempo.

Para lograr que un rey fuera también buen administrador, la nobleza se esmeraba en la educación de sus hijos. A los catorce años se hacía un rito que consistía en matar a una llama para pintar el rostro de los jóvenes con su sangre. La ceremonia duraba seis días, al cabo de los cuales se les colocaban unos aretes que distinguían a la clase gobernante, y entonces eran nombrados guerreros.

La educación que a partir de ese momento recibían tenía que ver sobre todo con el aprendizaje para gobernar. Los muchachos eran llevados a los diferentes rincones del imperio inca, observaban el trabajo que los gobernantes hacían, incluso participaban en algunas de las batallas que se libraban, o les dejaban administrar por algunas horas alguna provincia. Así obtenían un gran conocimiento de su sistema de gobierno y las funciones del rey.

Otro aspecto de la educación que recibían era el cultural. La nobleza inca estaba convencida de que la cultura era una pieza fundamental para que una sociedad pudiera crecer, desarrollarse plenamente y lograr que cada habitante del imperio pudiera entender al otro. Así, los jóvenes incas de la nobleza recibían lecciones de historia y arte para desarrollar su sensibilidad.

De todos ellos sólo uno podía ser el nuevo rey, el nuevo jefe inca; el hijo mayor que el rey hubiera tenido con su esposa principal. Esto era muy importante porque los reyes podían tener muchísimas esposas y muchos hijos. Pero con esta regla, sólo uno de sus hijos podía gobernar. Y cuando el rey moría, ese hijo ya tenía que estar preparado para tomar el lugar de su padre.

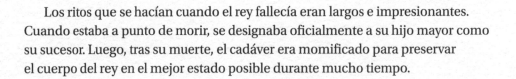

Los ritos que se hacían cuando el rey fallecía eran largos e impresionantes. Cuando estaba a punto de morir, se designaba oficialmente a su hijo mayor como su sucesor. Luego, tras su muerte, el cadáver era momificado para preservar el cuerpo del rey en el mejor estado posible durante mucho tiempo.

El rey no se iba solo. Cuando moría, sus esposas y sirvientes más cercanos debían acompañarlo. Parte del rito consistía en que estas personas cercanas al rey celebraran, bailaran y se emborracharan para luego morir.

**HONORES A LOS REYES
INCAS MUERTOS**

Los incas ofrecían alabanzas a sus dioses difuntos y contaban sus hazañas frente a todo el pueblo cuando se celebraba algún hecho grande o importante, cuando los señores principales se reunían con el rey, o cuando hacían bailes y bebían.

El rey era una especie de dios. Acompañarlo les daba más orgullo que miedo, sobre todo porque para esta cultura la muerte no era el final de nada, sino sólo un viaje hacia el Sol, que consideraban un sitio mejor.

El nuevo rey inca también era recibido con una gran fiesta. Bailes, cantos, comida y bebida, y ninguna muerte más. Después de ser coronado, la costumbre era que el nuevo rey iniciara con sus manos la construcción de su casa. Este acto habla también de la importancia que los incas le otorgaban al trabajo y el respeto que tenían por las labores más simples, porque sabían que eran la base de toda la sociedad.

Pero lo anterior tampoco significaba que los reyes vivieran una vida de trabajo manual forzado. El lujo era parte importante de su vida. Las comidas eran todo un ritual; el rey comía con vajilla de oro y plata, y los platos eran sostenidos por sus esposas. Una vez que había terminado, las sobras eran quemadas. El rey no caminaba largas distancias, la mayoría de las veces iba sobre una cama que era sostenida por sus súbditos.

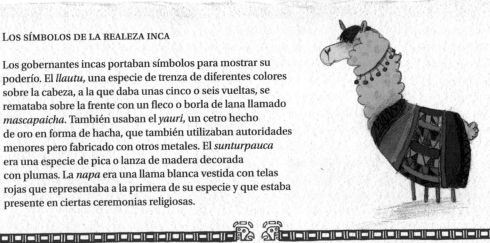

LOS SÍMBOLOS DE LA REALEZA INCA

Los gobernantes incas portaban símbolos para mostrar su poderío. El *llautu,* una especie de trenza de diferentes colores sobre la cabeza, a la que daba unas cinco o seis vueltas, se remataba sobre la frente con un fleco o borla de lana llamado *mascapaicha.* También usaban el *yauri,* un cetro hecho de oro en forma de hacha, que también utilizaban autoridades menores pero fabricado con otros metales. El *sunturpauca* era una especie de pica o lanza de madera decorada con plumas. La *napa* era una llama blanca vestida con telas rojas que representaba a la primera de su especie y que estaba presente en ciertas ceremonias religiosas.

El rey tenía su propio ayllu, que estaba conformado por miembros de su familia. También tenía a un grupo de administradores, llamados *curacas*, que le ayudaban a gobernar. Estos administradores no tenían que pertenecer necesariamente a la familia real, podían ser habitantes comunes pero conocidos por algunos méritos que los convertían en personas valiosas para el rey.

HERENCIAS Y TESTAMENTOS

Cuando el administrador del rey moría, el sucesor se apoderaba de los bienes (instrumentos musicales, vasos, haciendas) y con éstos alimentaba a los hijos y mujeres del difunto. Si el señor principal de toda la provincia moría, el sucesor sólo heredaba el cargo y los bienes eran otorgados a los hijos mayores de edad. Cuando no, los hijos quedaban a cargo de alguien que los pudiera tener y alimentar. El testamento se hacía cuando el moribundo llamaba a su pariente más cercano, o al administrador suplente si era señor el que moría, y les indicaban qué hacer con sus bienes. El sucesor aceptaba y cumplía sus órdenes fielmente.

El hecho de que aceptaran dentro de la clase gobernante a gente que no tenía sangre real también se debía a la velocidad con la que el imperio inca había crecido. En muy pocos años se habían conquistado tantas tierras que sería una tarea imposible que las administraran sólo los miembros de la realeza.

Cuzco, el lugar donde la capital del imperio inca se construyó, es un valle que está casi totalmente rodeado por altas montañas. Dos ríos llegan hasta ahí, y los incas canalizaron sus cauces para controlar y aprovechar su agua. En este espacio magnífico, la ciudad se levantaba con dos partes principales: la del habitante común y la que correspondía a los nobles. También en la zona donde vivía la nobleza estaban los edificios dedicados a la administración del poder. Ésta era sin duda la parte más exquisita de la ciudad y, probablemente, de todo el imperio inca.

La sagrada ciudad de Cuzco

Los incas adoraban y consideraban sagrada a la imperial ciudad de Cuzco por varias razones: porque fue fundada por el primer inca y gobernador Manco Cápac; por sus innumerables victorias durante las conquistas, y por ser casa y corte de sus dioses. En asuntos menos relevantes, los incas también demostraban su admiración. Por ejemplo, si dos incas de igual condición se encontraban en los caminos de la ciudad, ya sea que entraran o salieran de ella, el que salía era respetado por el que iba y considerado como superior de él por el sólo hecho de haber estado en la ciudad. Más si era vecino o nativo de Cuzco. Ocurría lo mismo con las semillas y legumbres, o cualquier otra cosa traída de este lugar. Lo que importaba no era la calidad sino su lugar de origen.

Cuzco era una ciudad muy rica que impresionó de inmediato a los conquistadores españoles. Uno de los lugares de la ciudad que más les impactó se llamaba *Curi-cancha*, una especie de jardín que tenía varias reproducciones de plantas y alimentos hechos con oro: plantas de maíz, ramas con espinas, todo hecho con el mayor detalle y cuidado.

Era lógico que los conquistadores españoles quedaran conmovidos con lugares tan majestuosos porque uno de sus intereses más fuertes en la conquista de América era la búsqueda de oro, que para ellos era la máxima forma de riqueza.

Las razones de los incas para construir un jardín como ése se debían al enorme respeto y veneración que sentían por los alimentos y por la posibilidad de hacer exquisitos manjares con ellos. En este sentido, buena parte de la ciudad de Cuzco estaba interesada en demostrar que la disciplina y el trabajo podían crear maravillas.

No sólo se trataba de la abundante cantidad de oro y plata que se veía en algunos espacios, sino que el diseño y la traza de la ciudad eran muy ordenados. Había varias casas de dos pisos y muchas plazas para fiestas y ceremonias religiosas. El templo dedicado al dios Sol, el dios más importante para los incas, era el edificio más notable de la ciudad.

Pero también había otros edificios religiosos dedicados a la Luna, las estrellas, los rayos y el arcoíris. Todos estos elementos naturales eran vistos por los incas como representaciones de sus diferentes dioses.

LOS APOSENTOS DE LA LUNA

La Luna, mujer del Sol, tenía su propio lugar de adoración y era el que estaba más cerca de la capilla mayor del templo. Sus puertas estaban cubiertas con tablones de plata, el color con el que los incas la identificaban, y ponían en ellos su retrato, como al Sol un rostro de mujer. Los incas se encomendaban a la Luna, hermana y mujer del Sol, madre de los incas y de toda su generación, y la llamaban *Mamacullia*, "Madre Luna", aunque no le ofrecían sacrificios como al Sol. La figura de la Luna tenía dos lados en los que yacían los cuerpos de las reinas difuntas, puestas por su orden y antigüedad.

Guerras y ciudades: el imperio inca

SI NO FUERA POR EL EJÉRCITO, JAMÁS SE HUBIERA PODIDO CONQUISTAR
LA ENORME CANTIDAD DE TIERRAS QUE AQUEL REINO DOMINABA. SOLAMENTE
UNA CIVILIZACIÓN BIEN DESARROLLADA ES CAPAZ DE TENER CIUDADES
MARAVILLOSAS Y BIEN PLANEADAS COMO CUZCO.

El ejército de los incas era numeroso y estaba bien entrenado.
Todos los indígenas incas que no tuvieran algún problema físico debían ser
entrenados militarmente, como si se tratara de una especie de servicio
militar. De esta manera, el imperio que estaba casi todo el tiempo en guerra,
conquistando nuevos territorios o controlando las zonas lejanas que intentaban
rebelarse, contaba con un ejército de muchos soldados. Cada poblador inca
era un soldado adiestrado para luchar.

Sin embargo, los incas también tenían un ejército especializado, un ejército de élite que era la guardia personal del rey. En la población general había varios soldados entrenados, pero también existía el peligro de que los habitantes que conocían el arte de la guerra pudieran atacar a la clase gobernante e incluso al rey.

El hecho de tener un grupo de guerreros mejor entrenados que el resto de la población era garantía de que en un posible enfrentamiento los mejores tuvieran la situación bajo control. Para evitar ese peligro, los gobernantes proporcionaban las armas. Las tenían guardadas en bodegas especiales a las que sólo tenía acceso la guardia personal del rey.

Las armas que los incas utilizaban eran sobre todo de tres tipos: hondas para atacar desde la lejanía, lanzas para embestir al enemigo cuando el combate cercano iniciaba, y macanas, que eran una especie de mazo largo con cabezas de estrella para el combate cuerpo a cuerpo. Los incas no usaban arcos ni flechas.

EJÉRCITO DEL INCA

Los incas principales llevaban hachas y porras de oro y plata; los de menor cargo se ubicaban tras ellos y portaban lanzas cortas arrojadizas, como dardos. La retaguardia del ejército traía piqueras con lanzas largas (15 a 20 centímetros) y una manga de algodón en el brazo izquierdo sobre la que jugaban con la porra. Se repartían en escuadras, con sus banderas y capitanes al mando. Algunos usaban grandes cascos o capacetes de madera que les cubrían hasta los ojos, y acostumbraban forrarse con mucho algodón.

La organización en el campo de batalla de los incas era especializada y muy ordenada. En este sentido, se parecía mucho a los otros aspectos de su cultura: para cocinar platillos exquisitos habían logrado dominar con disciplina las plantas y animales que utilizaban como ingredientes; para erigir ciudades hermosas y eficientes las habían planificado y construido con mucho rigor. Gracias al orden y la disciplina en las batallas lograron muchas victorias y conquistas.

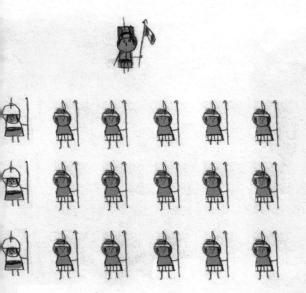

Los escuadrones de guerra estaban conformados por guerreros que pertenecían al mismo ayllu, por lo que cada unidad llevaba algo para ser reconocidos. Esta forma de reclutamiento era muy efectiva: hay que imaginar la fortaleza que significaba pelear hombro con hombro con un familiar cercano, el vigor que se podía lograr al ver a un hermano o a un primo ser atacado.

Cada vez que la batalla comenzaba, sonaban caracoles y cuernos intentando infundir en el enemigo el mayor temor posible. Luego los honderos comenzaban a lanzar sus proyectiles mientras los soldados de las macanas avanzaban. El resto dependía del valor de unos y otros. Estas estrategias de guerra fueron muy efectivas durante muchos años para que los incas pudieran conquistar y mantener un territorio muy grande.

Conforme el imperio inca fue creciendo, se fueron construyendo hermosas poblaciones. La planificación de muchas de estas ciudades se hacía a semejanza de Cuzco, la capital del imperio. Se procuraba darle un orden a la ciudad, aunque también belleza y seguridad militar.

Un buen ejemplo de este tipo de arquitectura era la puerta de Rumicola. Una puerta que estaba en el camino que llegaba a la capital, al este del valle del Cuzco, y que servía para tener un estricto control de quienes entraban y salían. La puerta era una especie de fortaleza hecha en forma de pirámide que tenía varias terrazas o escalones para apostar ahí a los soldados encargados de la vigilancia.

Otro tipo de construcciones tenían un interés mucho más artístico o relacionado con los elementos que los incas veneraban. Písac, por ejemplo, era una ciudad inca que estaba ubicada a unos treinta kilómetros de Cuzco y que tomaba su nombre de un ave parecida a la perdiz, pues fue trazada con la forma de esa ave.

En el imperio inca era muy común construir una especie de monasterios dedicados al dios Sol. Éstos se encontraban alejados de las grandes ciudades, en las montañas empinadas que tiene la zona cercana al valle del Cuzco. En ellas vivían mujeres dedicadas a la adoración del dios principal. Cada monasterio tenía sus correspondientes terrazas para sembrar y tener comida suficiente para su consumo y para dar a las ciudades cercanas.

La arquitectura inca tenía muchas variaciones de construcción e innovaciones que sorprendieron al mundo europeo durante la Conquista. Así ocurrió, por ejemplo, con las canchas, que eran una especie de patios comunes para las diferentes casas que se construían a su alrededor. Un espacio de convivencia entre los diferentes ayllu.

Cruzar los profundos y caudalosos ríos de la región significaba un problema complicado para los incas, ya que no podían construir puentes con madera ni con piedra porque no tenían árboles en las cercanías ni conocían las técnicas de la construcción en arco (a diferencia de los mayas). La solución que encontraron fueron los puentes colgantes, hechos con fibras de cabuya, también conocida como maguey, cardón o *chuchau*, en lengua quechua.

Para construirlos, formaban cables tan gruesos como un muslo con las fibras de cabuya, y los tendían de una orilla a otra, los fijaban con vigas y se apoyaban en pilares de piedra. Los cables eran unidos por otros más delgados que formaban una especie de red, con lo que se hacían pasamanos y pasarelas, es decir, el piso del puente.

Estos puentes colgantes eran mantenidos en buenas condiciones por los pueblos vecinos, quienes realizaron tan bien su labor que algunos fueron utilizados hasta finales del siglo XIX.

Los conquistadores españoles admiraron la técnica e ingenio de los incas al construir estos puentes, aunque les temieran por su aspecto frágil y por la forma en que eran azotados cuando había ráfagas de viento fuertes. Claro que la necesidad los obligó a utilizarlos, llegando incluso a cruzarlos con todo y caballos.

Una ciudad cuyos restos sobreviven hasta el día de hoy y que es uno de los lugares más representativos de la cultura inca es Machu Picchu. Es muy difícil saber qué era exactamente esta ciudad. Este lugar fue descubierto hasta 1911, es decir, casi cuatrocientos años después de que el imperio inca hubiera sido derrotado por los españoles.

Hasta su descubrimiento jamás había sido mencionada por los incas sobrevivientes o por los cronistas españoles. Los estudios de especialistas indican que aquella magnífica ciudad podría haber sido un centro religioso o el lugar de descanso de alguno de los reyes incas más poderosos. Estaba construida en lo alto de una inmensa y empinada montaña, tal vez para evitar los ataques de los grupos indígenas que vivían en las selvas cercanas y que a los incas les costaba trabajo controlar.

Machu Picchu contaba con casas para nobles, para soldados y para la gente común, además de terrazas y varias plazas. Combinaba diferentes estilos arquitectónicos y se cree que era una ciudad autosuficiente con abastecimiento de agua y de alimentos y con todo lo que se requería sin tener que salir de ella.

En esta ciudad abandonada se pueden ver, aún hoy, muchas de las características de la civilización inca: orden, desarrollo y belleza. Sin embargo, a pesar de ser uno de los espacios más representativos de esta gran cultura, en el siglo XXI cuesta trabajo saber exactamente qué era, porque la historia de los incas fue interrumpida cuando llegaron los conquistadores.

La llegada de los conquistadores

CUANDO LOS CONQUISTADORES LLEGARON AL TERRITORIO DE LOS INCAS HABÍAN PASADO CUARENTA AÑOS DESDE QUE LOS ESPAÑOLES DESEMBARCARON EN AMÉRICA POR VEZ PRIMERA. EN VARIAS PARTES DE MÉXICO Y EL CARIBE LOS ESPAÑOLES SE HABÍAN ESTABLECIDO E INCLUSO ALGUNOS TENÍAN HIJOS EN ESTAS TIERRAS AMERICANAS.

Océano Pacífico

Sel

El impedimento principal para el descubrimiento del imperio inca se debió sobre todo a motivos geográficos. La principal entrada de los conquistadores por mar desde Europa había sido por el Caribe, y los reinos prehispánicos más desarrollados que se encontraban cerca de ahí fueron aquéllos ubicados en lo que hoy es México y parte de Centroamérica.

Los reinos de los incas que estaban más al sur fueron descubiertos sólo cuando los españoles ya se habían asentado y creado varias ciudades al norte de América. En ese momento, y ya aposentados en sus primeros territorios conquistados, los españoles tuvieron noticia de ciertas leyendas que hablaban de otro espléndido imperio.

azónica

Océano Atlántico

No hay que olvidar que junto con el reino mexica, que para ese momento ya había sido vencido, los incas fueron otra de las civilizaciones más importantes de América. Pero la idea que los españoles tenían de riqueza casi siempre significaba oro y tierras, y cualquier rumor en este respecto era escuchado con mucha atención. Así que cuando llegaron noticias sobre ese reino riquísimo, fueron varios los que intentaron lanzarse en nuevas expediciones que les garantizaran una conquista llena de, justamente, oro y tierras.

Una de las leyendas más famosas que los conquistadores creyeron era la de El Dorado, una ciudad que tenía tanto oro que sus calles estaban pavimentadas con este precioso metal. Los edificios también eran de oro y la gente, se decía, tenía tanto que incluso lo despreciaba.

Había otra leyenda que resultaba aún más curiosa, la supuesta existencia de la fuente de la eterna juventud, que era un manantial milagroso cuyas aguas devolvían la fortaleza a quien las bebiera y podía vivir para siempre. Esta leyenda llevó a más de un conquistador a buscar la prodigiosa agua hasta lugares tan lejanos como la Florida, en el actual territorio de Estados Unidos.

No debe causar sorpresa que algo que hoy parece tan insignificante como una leyenda pudiera mover los ánimos de tal forma que se realizaran expediciones que llegaban a ser muy desgastantes y peligrosas. En cuanto al reino de los incas, fue el español Francisco Pizarro quien tomó tan en serio estos rumores que viajó hasta el actual país de Perú.

INDIOS DEL PUEBLO DE CAXAMALCA

Los pueblos incas que se trasladaron a la sierra adquirieron ventaja sobre los demás pueblos que quedaron atrás pues se consideraban gente limpia y de mejor razón, y las mujeres muy honestas. La vestimenta característica de las mujeres era una cuerda muy adornada sujeta a su cintura y una manta que les cubría desde la cabeza hasta la media pierna. Los hombres vestían camisetas sin mangas y unas mantas cubiertas. Todas las mujeres tejían lana y algodón para hacer ropa y calzado para los hombres y para ellas.

Pizarro llegó durante un año muy malo para los incas porque su último emperador, Huayna Cápac, estaba muy enfermo y a punto de morir. Esa muerte desató una guerra entre los dos posibles sucesores al trono, que eran Atahualpa y Sapa Inca Huáscar. Los dos eran hermanos y ambos estaban convencidos de que eran los indicados para reinar.

El conquistador aprovechó este conflicto para entrevistarse con Atahualpa, y le envió una camisa hecha en Holanda y unas copas de vidrio que era un material que los incas desconocían. Atahualpa en respuesta mandó otros regalos que incluían bellas vasijas y mucha comida.

El inca Atahualpa
confió en Pizarro, pero,
una vez que estuvo en
presencia del noble
indígena, éste lo capturó.
La enorme mentira que puso
por pretexto fue que lo acusaba
de intentar matar a su hermano
Huáscar. Hoy queda claro que esta
supuesta búsqueda de justicia no
tenía nada que ver con los intereses
reales de Pizarro. La conquista
y las riquezas eran motivos
suficientes para él.

Sorprende la inocencia del emperador inca capturado, por haber confiado tanto en
una persona que iba armada y que tenía claras intenciones de invasión, sin embargo,
cada uno de estos personajes tenía una forma muy distinta de ver las cosas.

Aquella captura fue el principio de la caída de los incas. Los amigos de Atahualpa pagaron un rescate por su rey, pero a pesar de ello, Pizarro no lo liberó y decidió matarlo. A partir de entonces el español se alió con los nobles que apoyaban a Huáscar, sólo para ganarse su confianza.

Una vez que los incas lo consideraron un aliado, Pizarro conquistó todo el reino y puso como regidor de la ciudad a su hermano Juan. Para afianzar su poder, Juan se casó con la hija de otro emperador, de nombre Huayna Cápac.

Los nombres dicen mucho sobre la historia de las personas porque están relacionados con el origen de las familias, que se conoce como *linaje*. Cuando alguien cambia de nombre o de apellido es como si perdiera una parte de su historia personal. Y eso pasó con los últimos incas, con aquellos que dejaron de ser parte de un reino para convertirse en otro.

La hija del emperador que se casó con Juan Pizarro tenía por nombre Quispe Sisa, pero después del matrimonio se llamaría Inés Huaylas. Juan e Inés tuvieron una hija y su nombre, Francisca Pizarro Yupanqui, es la evidencia de los cambios que corrían y de la inevitable mezcla de dos culturas.

Mientras los nombres de los dirigentes incas cambiaban y su historia se iba perdiendo, los hermanos Pizarro fundaron una nueva capital en aquella zona. La nueva ciudad se llamó primero Ciudad de los Reyes, en una clara referencia al mundo inca que desaparecía.

INDIOS DE LA PROVINCIA DE ARMA

Los habitantes de la provincia de Arma eran de medianos cuerpos y morenos, tanto, que todos parecían ser hijos de los mismos padres. Andaban desnudos, sólo se cubrían por delante con unos maures (fajas) anchos y largos.

Ciudad de los Reyes terminó llamándose Lima, que hasta el día de hoy es el nombre de la capital de Perú, cuyas tierras un día miraron con orgullo a una de las civilizaciones prehispánicas más brillantes.

Cronología

Periodo lítico 15000 - 5000 a. C.
Se establecen los primeros campamentos de cazadores-recolectores; en los Andes centrales entre los años 15000 y 8000 a. C.; se esparcen por toda la región andina a partir del 7000 y llegan a la costa para el 6000. Al final del periodo aparecen los primeros cultivos y se domestican los primeros animales.

Periodo arcaico 5000 - 1800 a. C.
Primeros campamentos de pastores (de camélidos) y, sobre la costa, aldeas de pescadores, recolectores y horticultores. Comienza a cultivarse el maíz (alrededor del 3000) y el algodón (hacia 2500) con el que se realizan los primeros textiles entrelazados. Hacia el final del periodo aparece la cerámica.

Periodo formativo 1800 - 500 a. C.
Se construyen pequeños centros ceremoniales en aldeas de agricultores y se producen los primeros objetos de metal (1800 - 1200). Se empiezan a dominar las técnicas agrícolas y comienza el proceso de urbanización.

Periodo de desarrollo regional 500 a. C. - 700 d. C.
Desarrollos urbanos dentro de pequeños señoríos o reinos regionales.

Imperio Wari 500 - 1000
La influencia de la ciudad de Wari, principal poder político y cultural, empieza a expandirse por la mayor parte de la región. Wari empieza a declinar a partir del año 800.

Periodo de los estados regionales 1000 - 1450
Se organizan estados locales alrededor de los centros urbanos. Se construyen ciudades costeras como Chancán, Chincha y Pachacámac.

1100
Manco Cápac funda la ciudad de Cuzco.

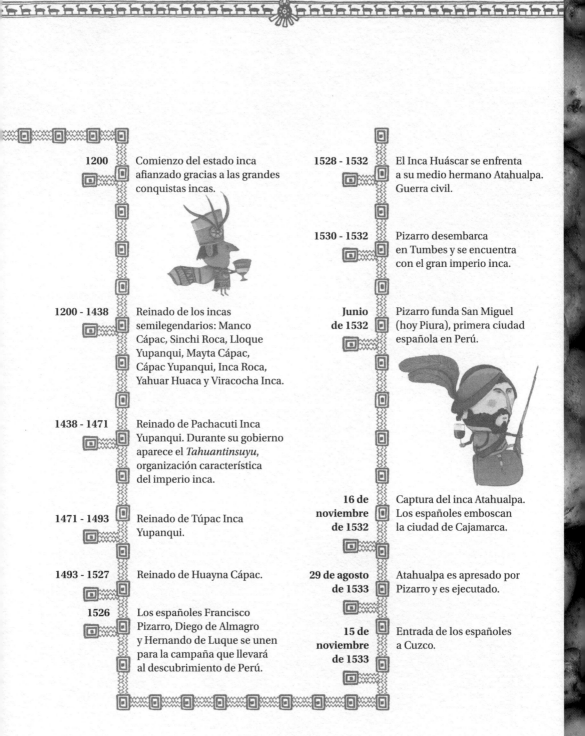

1200   Comienzo del estado inca afianzado gracias a las grandes conquistas incas.

1200 - 1438   Reinado de los incas semilegendarios: Manco Cápac, Sinchi Roca, Lloque Yupanqui, Mayta Cápac, Cápac Yupanqui, Inca Roca, Yahuar Huaca y Viracocha Inca.

1438 - 1471   Reinado de Pachacuti Inca Yupanqui. Durante su gobierno aparece el *Tahuantinsuyu*, organización característica del imperio inca.

1471 - 1493   Reinado de Túpac Inca Yupanqui.

1493 - 1527   Reinado de Huayna Cápac.

1526   Los españoles Francisco Pizarro, Diego de Almagro y Hernando de Luque se unen para la campaña que llevará al descubrimiento de Perú.

1528 - 1532   El Inca Huáscar se enfrenta a su medio hermano Atahualpa. Guerra civil.

1530 - 1532   Pizarro desembarca en Tumbes y se encuentra con el gran imperio inca.

Junio de 1532   Pizarro funda San Miguel (hoy Piura), primera ciudad española en Perú.

16 de noviembre de 1532   Captura del inca Atahualpa. Los españoles emboscan la ciudad de Cajamarca.

29 de agosto de 1533   Atahualpa es apresado por Pizarro y es ejecutado.

15 de noviembre de 1533   Entrada de los españoles a Cuzco.

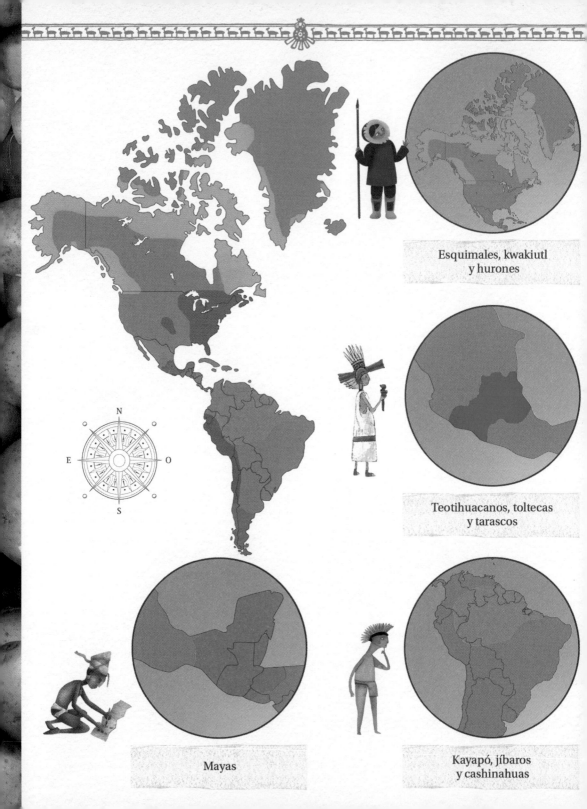

Esquimales, kwakiutl y hurones

Teotihuacanos, toltecas y tarascos

Mayas

Kayapó, jíbaros y cashinahuas

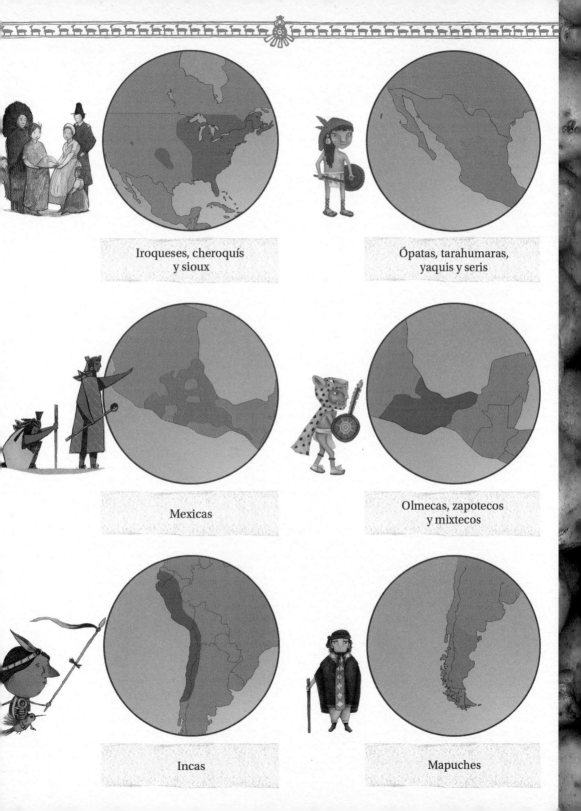

Iroqueses, cheroquís
y sioux

Ópatas, tarahumaras,
yaquis y seris

Mexicas

Olmecas, zapotecos
y mixtecos

Incas

Mapuches

Bibliografía

Bethell, Leslie (ed.), *Historia de América Latina. 1.*
América Latina Colonial: La América precolombina
y la conquista, Barcelona, Crítica, 2003.

Cartwright Brundage, Burr, *Lords of Cuzco. A History*
and Description of the Inca People in their Final Days,
Oklahoma, University of Oklahoma Press, 1967.

Cieza de León, Pedro de, *Crónica del Perú:*
El señorío de los incas, Madrid, Manuel Ballesteros,
(Crónicas de América), 1988.

Cronistas de las culturas precolombinas. Antología,
de Luis Nicolau d'Olwer, (pról. y notas), 2ª. ed.,
México, FCE (Colección Biblioteca Americana), 2010.

Hemming, John, *La conquista de los incas*,
Stella Mastrangelo (trad.), 2ª ed., México, FCE, 2000.

Huber, Siegfried, *El Imperio inca*, Ana María
Hosselbarth (trad.), Barcelona, Jano, 1961.

Métraux, Alfred, *Los incas*, Víctor Manuel
Suárez Molina (trad.), Abdón Yaranga Valderrama (epíl.),
México, FCE (Breviarios, 436), 1993.

 Sarmiento de Gamboa, Pedro, *Historia de los incas*, 2ª. ed.,
Buenos Aires, Emecé (Colección Hórreo, 10), 1942.

Wolfgang Von Hagen, Victor, *The Ancient Sun
Kingdoms of the Americas: Aztec, Maya, Inca*,
Londres, Thames and Hudson, 1962.

 Zuidema, Reiner Tom, *La civilización inca en Cuzco*,
Sergio Fernández Bravo (trad.), México, FCE
(Cuadernos de la Gaceta, 74), 1991.

Incas
Los indígenas
de Sudamérica I

terminó de imprimirse en 2014
en los talleres de Editorial Impresora Apolo, S.A. de C.V.,
Centeno 150-6, Col. Granjas Esmeralda,
C.P. 09810, México, D.F.
Para su formación se utilizó la familia Utopia
diseñada por Robert Slimbach en 1989.
Se imprimieron 3 000 ejemplares.